AMUSEZ VOUS BIEN EN BONS CAMARADES

ARABESQUES
ALPHABÉTIQUES

AVEC

EXERCICES MÉTHODIQUES

SUR LES PRINCIPALES DIFFICULTÉS DE LA LECTURE

PARIS
AMÉDÉE BÉDELET, LIBRAIRE
RUE PAVÉE-SAINT-ANDRÉ-DES-ARTS, 14
1862

PARIS. — IMP. SIMON RAÇON ET COMP., RUE D'ERFURTH, 1.

MAJUSCULES

A B C

D E F

G H I

J K L

M N O

P Q R

S T U

V X Y Z

MINUSCULES

a b c d e f

g h i j k l

m n o p q r

s t u v x y

z æ œ w

CARACTÈRES D'ÉCRITURE

MAJUSCULES

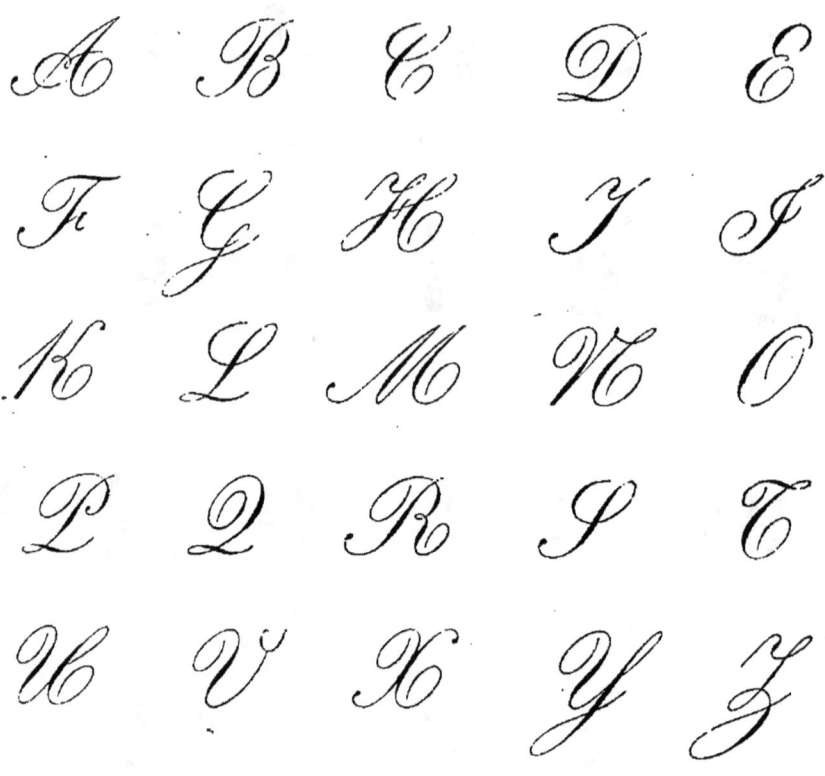

MINUSCULES

VOYELLES

a e i o u y

CONSONNES

b c d f g h j k l m
n p q r s t v x z

Trois manières de prononcer E.

e muet.   é fermé.   è ouvert.
Leçon, parole. Bonté, Café. Père, mère.

Accent.

Aigu.   Grave.   Circonflexe sur a e i o u
Été.   Prière.   Pâte, fête, gîte, trône, flûte.

PREMIER EXERCICE

ba	be	bi	bo	bu
ca	ce	ci	ço	çu
da	de	di	do	du
fa	fe	fi	fo	fu
ga	ge	gi	go	gu
ha	he	hi	ho	hu
ja	je	ji	jo	ju
la	le	li	lo	lu
ma	me	mi	mo	mu
na	ne	ni	no	nu
pa	pe	pi	po	pu
ra	re	ri	ro	ru
sa	se	si	so	su
ta	te	ti	to	tu
va	ve	vi	vo	vu
xa	xe	xi	xo	xu

DEUXIEME EXERCICE.

SYLLABES

A

Ab-ba, ac-ca, ad-da, af-fa, ag-ga, ah-ha, aj-ja, ak-ka, al-la, am-ma, an-na, ap-pa, aq, ar-ra, as-sa, at-ta, av-va, ax-xa, az-za.

Plusieurs syllabes forment un MOT.

Pa-pa. A-na-nas.

Plusieurs mots forment une PHRASE.

Pa-pa a-va-la l'a-na-nas d'A-nas-ta-se.

TROISIEME EXERCICE.

E

Eb-be, ec-ce, ed-dè, ef-fê, eg-ge, eh-hé, ej-jëe, ek-kê, el-le, em-mé, en-nè, ep-pê, eq, er-re, es-sé, et-tè, ev-vê, ex-xe, ez-ze.

Hé-lè-ne a é-té à la pê-che, el-le a bar-bo-té ; sa mè-re en a é-té ex-cé-dée.

Sons identiques de E.

Eu, œu, ent, ai, ei, et, est, er, ez.

Al-bert, al-lez a-vec ma mè-re et ma sœur : el-les ai-dent à pe-ser sei-ze bal-les de lai-ne.

Aspect Agreste.

—

Aimez à Apprendre.
Apprenez Avec Ardeur.

QUATRIÈME EXERCICE.

I

Ib-bi, ic-ci, id-di, if-fi, ig-gi, ih-hi, ij-ji, ik-ki, il-li, im-mi, in-ni, ip-pi, iq, ir-ri, is-si, it-ti, iv-vi, ix-xi, iz-zi.

Y a le son de I

Y a-t-il i-ci la y-o-le d'Hen-ri?

Y a le son de deux I.

Le vo-y-a-geur a é-té ef-fra-y-é.

Sons identiques du son IN.

Im, ein, eim, ain, aim.

J'ai bien faim et je n'ai pas de pain! — Viens, pe-tit : ce pa-nier est plein de mas-se-pains de Reims; tu les ai-mes bien, hein?

D E F

Dinette Enfants Friants

Bon Berger.

—

Bavardage Blesse Beaucoup.

Charmant Canard.

—

Conduite Coupable Coûte Cher.
Conduite Chrétienne Charme Chacun.

Dédaigneux Dindon.

—

Distraction Détourne du Devoir.

CINQUIÈME EXERCICE.

O

Ob-bo, oc-co, od-do, of-fo, og-go, oh-ho, oj-jo, ok-ko, ol-lo, om-mo, on-no, op-po, oq, or-ro, os-so, ot-to, ov-vo, ox-xo, oz-zo,

Le jo-li jo-ko d'Oc-ta-ve est mort à No-vo-go-rod.

Sons identiques de O

Au, eau, eaux, os.

Paul, res-tez en re-pos; ne sau-tez pas; n'al-lez pas au bord de l'eau. Je vais là-haut fer-mer les ri-deaux du ber-ceau de vo-tre sœur Lau-re, elle dort.

G H I

GUIGNOL, HURLEMENTS TAPAGE INFERNAL.

Épais Éléphant.

Étudier est Estimable.
Emportement Éloigne. Empressement Enchaîne.

Faucon Fidèle.

Fausseté Fait
Fatalement Finir.

Gentille Gazelle.

Grande Gravité Glace.
Gracieuseté Gouverne.

SIXIÈME EXERCICE.

U

Ub-bu, uc-cu, ud-du, uf-fu, ug-gu, uh-hu, uj-ju, uk-ku, ul-lu, um-mu, un-nu, up-pu, uq, ur-ru, us-su, ut-tu, uv-vu, ux-xu, uz-zu.

Ur-su-le est u-ne pe-ti-te hur-lu-ber-lu.

SEPTIÈME EXERCICE.

VOYELLES DOUBLES OU DIPHTHONGUES

Ai, ia, au, an, ei, ie, eu, ieu, en, ien, ian, io, oi, ion, oin, ou, oui, ui, ium, un, uin.

Di-eu est bon : il a soin de pour-voir à tous nos be-soins; viens, re-mer-ci-ons-le. — Oui et so-yons tou-jours ex-acts à le lou-er aux jours où il l'a lui-mê-me com-man-dé.

J K L

Jonchets Kaléidoscope Loto

Heureux Hameçon.

Honnêteté Honore.
Honte Humilie.

Industrieux Iroquois.

Ignorance Inévitablement Irrite.
Instruction Immortalise.

Jolis Jeux.

Jeunesse Juge Journellement,
Jugez Judicieusement.

HUITIÈME EXERCICE.

CONSONNES DOUBLES

BL. BR. CL. CR. FR. GR. GL.
Blé, bras, clou, crin, frac, grain, gland,

PL. PR. ST. TR. VR.
Plat, prix, stuc, trou, vrai.

Le pau-vre Fran-cis a pleu-ré et cri-é en vo-yant ses fleurs flé-tries par la gros-se pluie; il en a plan-té d'au-tres à l'a-bri du grand pru-nier.

CH. GR. LL.
Chou, grognon, fille.

Le chat cher-che u-ne sou-ris, mais la gen-ti-ll-e bê-te a ga-gné son trou : el-le y est bien ca-chée. Mi-non foui-ll-e du bout de sa pat-te; ses yeux bri-ll-ent de fu-reur. N'ap-pro-che pas, Ca-mi-ll-e, il t'é-gra-ti-gne-rait.

M N O

Ma poupée Ne veut pas Obéir

Kan. Kalmouk.

le Kan des Kalmouks, à chaque Kilomètre, goûtait du Kirsch.

Louable Lecture.

Lisez : le Labeur Lance Loin.
Long Loisir Laisse Languir.

Moutons Mangeant.

Mensonge Multiplie Mensonges.
Médire Mortifie.

NEUVIÈME EXERCICE.

PH, son identique de **F**.

Phi-la-del-phe, em-mè-ne Fi-dè-le, et va au pha-re a-vec Eu-phé-mie. Vous y ver-rez un pho-que : c'est un a-ni-mal am-phi-bie.

TH, son identique de **T**.

Thé-o-phi-le, ter-mi-ne ton thè-me, en-sui-te nous pren-drons le thé.

DIXIÈME EXERCICE.

C prononcé comme **SS** avant **E**, **I**.

Cé-ci-le, fai-tes ce-ci ; c'est un e-xer-ci-ce u-ti-le et né-ces-sai-re. Et vous, Al-ci-de, ces-sez de vous ba-lan-cer et de fai-re des gri-ma-ces.

P Q R

Personne ne doit Quereller pendant la Récréation

Navire Navigant.

—

Niaiserie, Nullité Nous Nuisent.
Ne Négligeons Nullement Notre
Naturel Nonchalant.

Orage Obstiné.

—

Obéissance Officieuse Oblige.
Opiniâtreté Obsède.

Paon Précieux.

—

Pécher Par Perversité Perd.

ONZIÈME EXERCICE.

C prononcé SS avant A, O, U, par l'addition d'une cédille.

Ça, ço, çu, çai, çon.

Ce pe-tit gar-çon tou-chait sans ces-se mon poin-çon : je m'en a-per-çus et je le for-çai de le lais-ser ; mais il le re-prit et se per-ça la main.

C est dur devant A, O, U.

La cui-si-niè-re fe-ra cui-re du ca-ca-o pour Co-ra-lie, et du cho-co-lat pour Con-stan-ce.

Sons identiques de C dur.

Pé-ki di-sait qu'-un coq é-tait dans le kios-que ; j'ai cru en-ten-dre : u-ne co-quet-te est dans le kios-que ; ce-la a fait un qui-pro-quo.

S T U

SAPEUR **T**AMBOUR BATTANT
UNIFORMES BRILLANTS

Quelques Quilles.

—

Quittez Quelqu'un Qui Querelle.

Réjouissante Réunion.

—

Réflexion Raisonnable
Rapporte Réussite.

Serpent Sifflant.

—

Soyez Sages, Sans Sagesse Santé
S'éloigne.

DOUZIÈME EXERCICE.

G est dur devant A, O, U.

J'ai ga-gné à la lo-te-rie u-ne gar-ni-tu-re de gui-pu-re, un go-be-let d'ar-gent guil-lo-ché et u-ne guir-lan-de de mu-guet.

G son identique de J par l'addition d'un E devant A, O, U.

Gea, geo, geu.

J'ai fait u-ne ga-geu-re : si Geof-froy perd, il me don-ne-ra ses jo-lis pi-geons rou-geâ-tres; s'il ga-gne, il au-ra mon geai a-vec la ca-ge et la man-ge-oi-re de cris-tal.

T prononcé SS entre deux voyelles.

L'en-fant sa-ge, qui a a-va-lé sa po-t-ion, au-ra ré-cré-a-t-ion; le pa-res-seux re-ce-vra u-ne pu-ni-t-ion et n'au-ra pas de prix à la dis-tri-bu-t-ion.

V X Y Z

Voleur pris Xi-xi mors Y les mollets Zozo.

Toupie Tournant.

—

Toute Trahison Trahit Toujours.

Uniforme Utile.

—

Unissez-vous Universellement.
Uniformité Unit.

Vaillant Vautour.

—

Vanité Viciera Vos Vertus.

CHIFFRES

Arabes.		Romains.
1	Un	I
2	Deux	II
3	Trois	III
4	Quatre	IV
5	Cinq	V
6	Six	VI
7	Sept	VII
8	Huit	VIII
9	Neuf	IX
10	Dix	X
11	Onze	XI
12	Douze	XII
13	Treize	XIII
14	Quatorze	XIV
15	Quinze	XV
16	Seize	XVI
17	Dix-sept	XVII
18	Dix-huit	XVIII
19	Dix-neuf	XIX
20	Vingt	XX

Xandarus heureuX

—

réfleXion fiXe, luXe veXe.

Yole voYageant.

—

EssaYez, déploYez vos moYens.

Zèbre Zéphyr.

—

Terminons notre tâche avec Zèle.

DIVISION DE L'ANNÉE

L'Année se divise en quatre Saisons :

LE PRINTEMPS. — L'ÉTÉ. — L'AUTOMNE. — L'HIVER.

Et en douze mois :

Janvier. — Février. — Mars. — Avril.
Mai. — Juin. — Juillet.
Août. — Septembre. — Octobre. — Novembre.
Décembre.

Un mois se divise en quatre semaines et quelques jours, et chaque semaine se compose de sept jours, savoir :

Lundi. — Mardi. — Mercredi. — Jeudi.
Vendredi. — Samedi. — Dimanche.

Fri-co-lè-che, pre-mier cui-si-nier de la prin-ces-se Fri-an-do-li-na, pen-se sé-ri-eu-se-ment au dî-ner que Son Al-tes-se lui a com-man-dé pour ses no-ces a-vec le prin-ce Bâ-fro-gou-lu-noff.

La bon-ne o-deur de ce re-pas par-fu-mait tout l'u-ni-vers, et l'on vit ac-cou-rir des pays in-ha-bi-tés u-ne fou-le de con-vi-ves ex-tra-or-di-nai-res.

Un grand Pier-rot très-gour-mand n'o-sait pas ap-pro-cher, et re-gar-dait tout ce-la d'un air pleu-reur.

Frian-do-li-na lui en-voya un grand plat de crè-me fou-et-tée; quand il s'en fut bien ré-ga-lé, il vou-lut em-por-ter le res-te dans ses gran-des man-ches.

A la por-te, Pier-rot!

Après le dî-ner, il y eut un bal cos-tu-mé.

LECTURES ILLUSTRÉES

Six volumes grand in-18°.

ROBINSON DES ENFANTS

Aventures curieuses d'un naufragé, gravures non moins curieuses et fort exactes de son costume, de son merveilleux parasol, etc., dont lui seul est l'inventeur, attendu qu'il ne trouva ni chapelier, ni tailleur, ni cordonnier, ni âme qui vive dans l'île où il échoua, ce qui prouve que c'était une île déserte.

GULLIVER DES ENFANTS

Autres admirables, mémorables et incroyables aventures d'un autre voyageur, transporté, hissé, tombé en des peuplades dont on n'a jamais pu découvrir la situation sur aucune carte géographique.

LES JEUX DE LA POUPÉE

Excellent traité de son éducation, contes, historiettes et conversation d'une gentille petite fille, maman de sa poupée.

LES JEUX DE L'ENFANCE

Relation exacte des mémorables parties de cache-cache, de dinettes friandes, de rondes joyeuses exécutées par une compagnie d'espiègles en vacances.

CARACTÈRE DES ANIMAUX

Où il est spécialement traité de ceux qui intéressent nos petits lecteurs : Chien, Chat qu'ils tourmentent, Ane qui les promène, Poulet, Chèvre qui les nourrissent, Ours, Lion qui voudraient les MANGER !...

LES CRIS DE PARIS

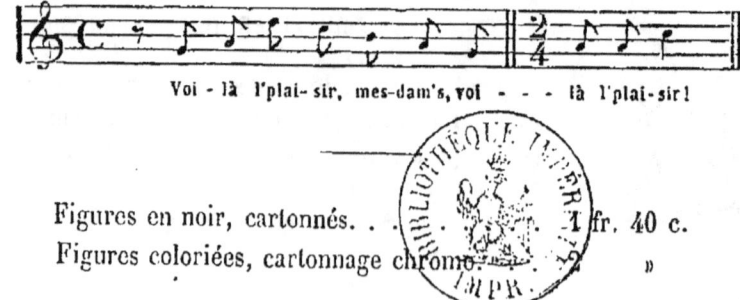
Voi - là l'plai-sir, mes-dam's, voi - - - là l'plai-sir !

Figures en noir, cartonnés . . . . 1 fr. 40 c.
Figures coloriées, cartonnage chromo . . . »